AF349156

DÍA Y NOCHE

Los animales de día y los nocturnos en Europa,
África, Australia, Asia, América del Sur:
insectos, pájaros, rapaces, reptiles,
mamíferos, marsupiales.

Ilustraciones
de Ferruccio Cucchiarini

editorial juventud
Barcelona

Cuando haga sol aprovecha y sal a pasear por el parque o por algún jardín que esté cerca de tu casa. Los árboles albergan a muchos animales: ¡a ver si sabes descubrirlos! Urracas y golondrinas buscan gusanos por el suelo. Posadas en una rama, unas carboneras comunes gorjean, mientras un pito real hace una incisión en la corteza de un árbol para hacer salir las larvas y los insectos. En el estanque nadan patos salvajes y cisnes de majestuoso porte, indiferentes al croar de las ranas bermejas.

De un momento a otro, la ardilla gris trepará por un árbol para recolectar avellanas y bellotas. ¡Mira atentamente a tu alrededor! Todo el parque está repleto de animalillos minúsculos: una mariposa de vivos colores, hormigas atareadas, abejas ocupadas libando para recolectar el néctar de las flores, libélulas de grandes y vistosas alas, el escarabajo cerambyx de largas antenas curvas. En el cielo, un ave rapaz de vista penetrante está lista para caer en picado sobre un pequeño roedor, que cree que está a salvo porque está escondido en la hierba.

Y en este mismo parque, durante una buena noche de verano se manifiesta una vida intensa. Al caer la noche, muchas flores cierran sus pétalos para protegerse del frío. Los animales diurnos buscan un escondite seguro, mientras que los animales nocturnos toman posesión del parque. El cárabo permanece inmóvil en su rama. A sus pies, una araña teje pacientemente su tela para capturar a sus presas. Un erizo se desplaza por la hierba con mucha prudencia, porque el zorro, que husmea

una tras otra las madrigueras de topos, va en busca de su cena. Junto al estanque, indiferente al baile incesante de sus parientes los murciélagos, una rata ha encontrado refugio en una gran hoja. Un sapo descansa encima de un nenúfar. Una babosa devora las hojas tiernas que encuentra. Las luciérnagas destacan en la oscuridad y brillan sobre el césped. Si quieres asistir a este espectáculo hazte acompañar por un adulto: no somos animales nocturnos y la oscuridad puede esconder sorpresas desagradables.

En medio del desierto africano del Sahara, en el área llamada oasis, una fuente permite que crezca la vegetación. Hace mucho calor durante el día. Sobre las espinas que crecen a la sombra de las palmeras gorjean alcaudones comunes y collalbas grises. Un escarabajo pelotero hace rodar los excrementos de los mamíferos en una gran bola con la que alimentará a sus larvas. Una culebrera, un ave rapaz a la que le gustan las serpientes, se dispone a golpear con sus largas patas

a la peligrosa víbora cornuda, cuya mordedura es mortal. Unas langostas se han posado sobre unas ramitas: estos insectos se reproducen muy rápidamente y a veces forman verdaderas nubes que devoran y destruyen toda la vegetación que encuentran a su paso.

Pero el pez de arena se acerca silenciosamente: es un reptil que parece nadar en la arena, cuando no está sumergido en ella. Un halcón borní está posado en una rama. ¿Sabes cómo se llaman esos animales de elegante cornamenta que vemos a lo lejos?

Por la noche, el oasis bulle con una actividad desbordante. Aprovechando la luna llena y la baja temperatura, un beduino ha cargado su dromedario para viajar hasta el próximo oasis. Un gran número de animales, que huyen del calor extremo diurno, finalmente abandonan sus madrigueras para alimentarse. Un escorpión, cuya cola está armada con un aguijón venenoso, y un erizo del desierto empiezan su cacería. Un coleóptero *tenebrionidae* se acerca imprudentemente a un geco palmeado,

que es capaz de adherirse a las superficies verticales gracias a sus patas provistas de ventosas. A lo lejos, un chotacabras captura insectos en pleno vuelo. ¿Sabías que el fenec, este pequeño zorro del desierto, puede captar el menor movimiento del gerbillo,

una especie de ratita, gracias a sus grandes orejas? Éstas además le permiten regular la temperatura de su cuerpo. Un mochuelo, ave rapaz de vista penetrante, cae como un muelle sobre la rata canguro que se desplaza saltando sobre sus largas patas traseras.

Australia es una verdadera reserva de animales extraordinarios. Esto es en la costa sudoccidental. Un numbat está sobre su despensa: ¡un enorme termitero! Dos cacatúas, una blanca y otra negra, que pueden imitar muy bien la voz humana, se esconden entre la vegetación. A la sombra de los eucaliptos, los canguros se desplazan efectuando grandes saltos impulsados por sus patas traseras. Se cruzan con un emú, una gran ave que puede llegar a correr a 50 km por hora.

En el cielo, vuelan una gran urraca australiana y unos majestuosos cisnes negros, campeones del despegue y vuelo. Sin olvidar al cucaburra que está en su rama o al martín pescador gigante de Australia con su pico afilado, ávido de insectos, ranas y pequeños reptiles. Las chinches azules y unos lagartos llamados escincos deben permanecer atentos. Para asustar a su enemigo un escinco de lengua azul saca la lengua. A causa de su cuerpo rechoncho, de color marrón, a menudo le confunden con un tronco.

Bajo la mirada impasible del mochuelo se mueven todos los animales de la noche. Cerca de las flores de las que ha libado el néctar y el polen, dormita un opósum de la miel, con la barriga llena. Muy cerca, un opósum australiano disfruta de una fruta madura.

Estos dos mamíferos son marsupiales: igual que los canguros, los cachorros terminan su desarrollo en la bolsa ventral de su madre. El termitero sufre el asalto de un equidna de Australia y sus terribles púas. ¡Qué animal tan raro! Primero pone huevos

Ante la gran cantidad de especies animales conocidas, los científicos se han visto obligados a adoptar un sistema de clasificación que reagrupe a los animales según sus características comunes. Los animales que encontrarás en el transcurso de tu viaje a través de los cinco continentes se dividen en dos categorías principales: vertebrados e invertebrados.

Los vertebrados poseen un esqueleto interno. Comprenden a los mamíferos, las aves, los reptiles, los anfibios y los peces. Los animales que no tienen esqueleto interno constituyen el grupo de los invertebrados, entre los cuales se encuentran los insectos, las arañas y los escorpiones.

Rapaces

Entre todas las aves, las rapaces son los predadores más temibles. Tienen una gran agudeza visual, un pico ganchudo y cortante que permite desgarrar la carne, unas patas poderosas provistas de garras afiladas, destinadas a capturar y matar a su presa, y grandes alas que les permiten volar a gran altitud aprovechando las corrientes ascendentes. El halcón y el milano pueden ver a su presa desde muy lejos e incluso atraparla en pleno vuelo. El mochuelo y el autillo ven muy bien en la oscuridad. Las ratas, las musarañas y otros pequeños roedores son su alimento preferido. La culebrera es la excepción: vuela con dificultad pero es un excelente corredor. Caza serpientes golpeándolas con sus patas mientras se protege con las alas.

Invertebrados

Con más de un millón de especies identificadas, los insectos constituyen la clase más importante en número. Están presentes en todos los medios naturales del planeta, tanto en los desiertos como en las montañas. La mayoría de ellos tienen cuatro alas, pero algunos sólo tienen dos o a veces ninguna. Los insectos forman parte del grupo de los hexápodos (de seis patas). Poseen ojos de gran tamaño, en proporción a su cuerpo, y largas antenas que les permiten captar las vibraciones del aire. Las arañas y los escorpiones no son verdaderamente insectos: de hecho, tienen ocho patas. Su mordedura es dolorosa y, a veces, mortal. Las arañas tejen una tela para capturar a su presa. Los escorpiones se caracterizan por su coraza dorsal y porque su primer par de patas delanteras terminan en pinzas.

Aves

Las aves llevan a cabo largos recorridos para encontrar su alimento o unas condiciones climáticas más favorables. Las plumas que recubren sus alas les permiten desplazar grandes cantidades de aire. Ponen e incuban sus huevos, poseen patas situadas en la parte trasera del cuerpo y que utilizan para andar, mantenerse posados en una rama e incluso nadar. La forma de su pico varía en función de su alimento. Así, el colibrí tiene un largo y fino pico, indispensable para aspirar el néctar de las flores. El pato salvaje utiliza su pico plano para rastrillar el fondo de los estanques. Los papagayos, las urracas y otros pájaros cantores están provistos de un gran pico corto que les permite aplastar el grano, mientras que el de los pitos, muy resistente, es ideal para penetrar en la corteza de los árboles que contiene pequeños insectos.

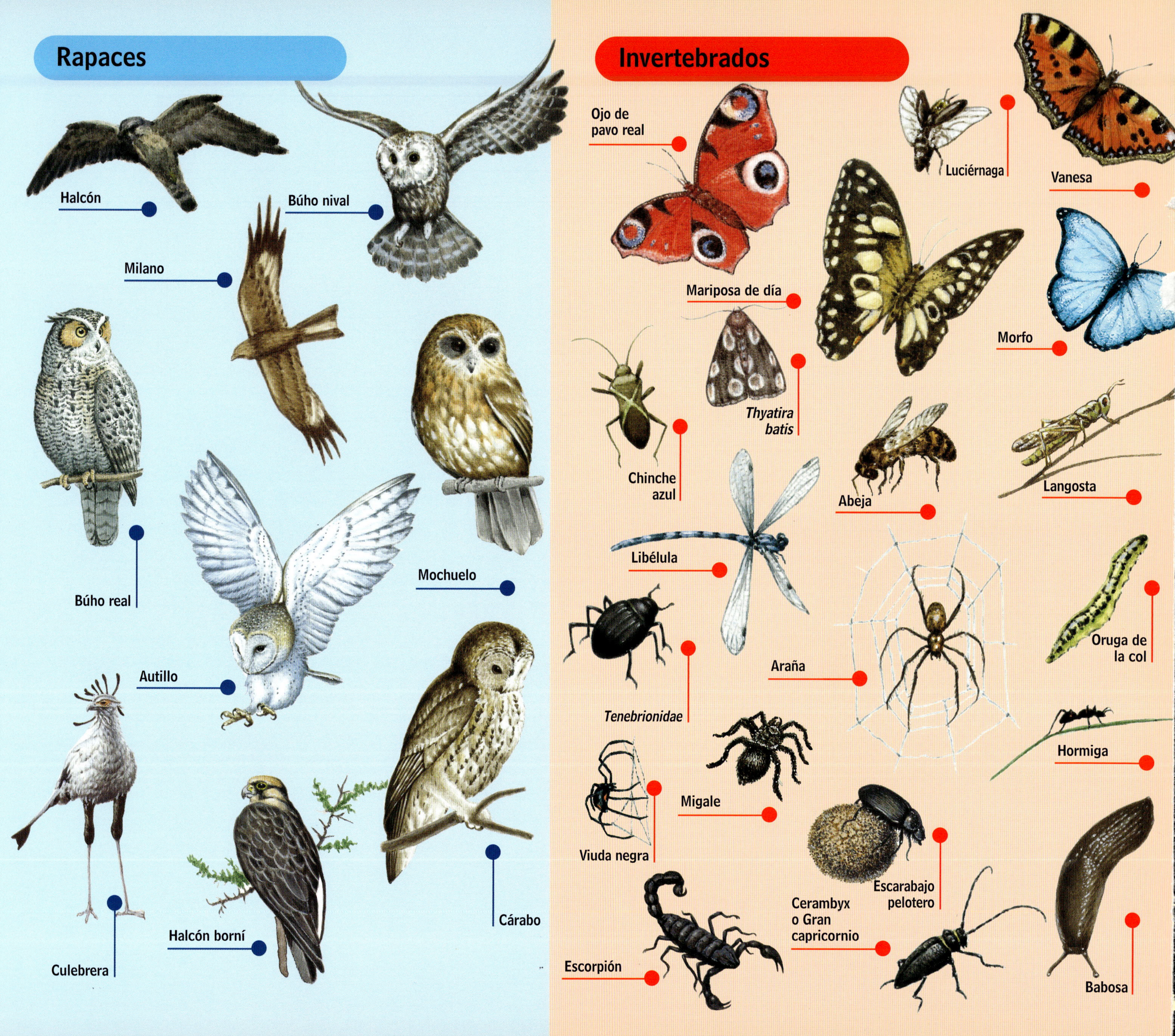
Rapaces
Halcón
Búho nival
Milano
Búho real
Mochuelo
Autillo
Culebrera
Halcón borní
Cárabo
Invertebrados
Ojo de pavo real
Luciérnaga
Vanesa
Mariposa de día
Morfo
Thyatira batis
Chinche azul
Abeja
Langosta
Libélula
Oruga de la col
Tenebrionidae
Araña
Migale
Hormiga
Viuda negra
Escarabajo pelotero
Cerambyx o Gran capricornio
Escorpión
Babosa

Aves

Guacamayo
Collalba gris
Cisne negro
Chotacabras
Cuervo australiano
Pico pigmeo
Gorrión
Urraca
Urraca australiana
Tucán
Alcaudón común
Colibrí
Pito real
Cacatúa negra
Cucaburra
Golondrina
Carbonera común
Cacatúa blanca
Cisne
Patos salvajes
Perdiz
Emú

en su madriguera y cuando éstos eclosionan, la hembra alimenta a los pequeños dejando que aspiren la leche que rezuma de los poros de su piel. Sobre una rama caída en el suelo, un ratón marsupial de cola negra y tupida no se ha dado cuenta de que un autillo está a punto de caer sobre él. En mitad de la pradera se alza un quokka, un robusto marsupial de cuerpo macizo. Un bándicut de larga nariz surge por detrás de unas ramas de eucalipto. ¿Y de quién son las grandes alas que vuelan bajo la luz de la luna?

Los bosques de abetos, pinos y alerces que cubren las montañas japonesas albergan una fauna variada. Los gorriones, los picos pigmeos y los macacos forman parte de la fauna más sociable. Los monos manifiestan una cierta forma de inteligencia: un etólogo, que es un científico que estudia el comportamiento de los animales, observó a uno de ellos lavar los alimentos antes de llevárselos a la boca; sus compañeros enseguida le imitaron. ¡Cuidado! Se acerca un oso. Cuando sus cachorros están

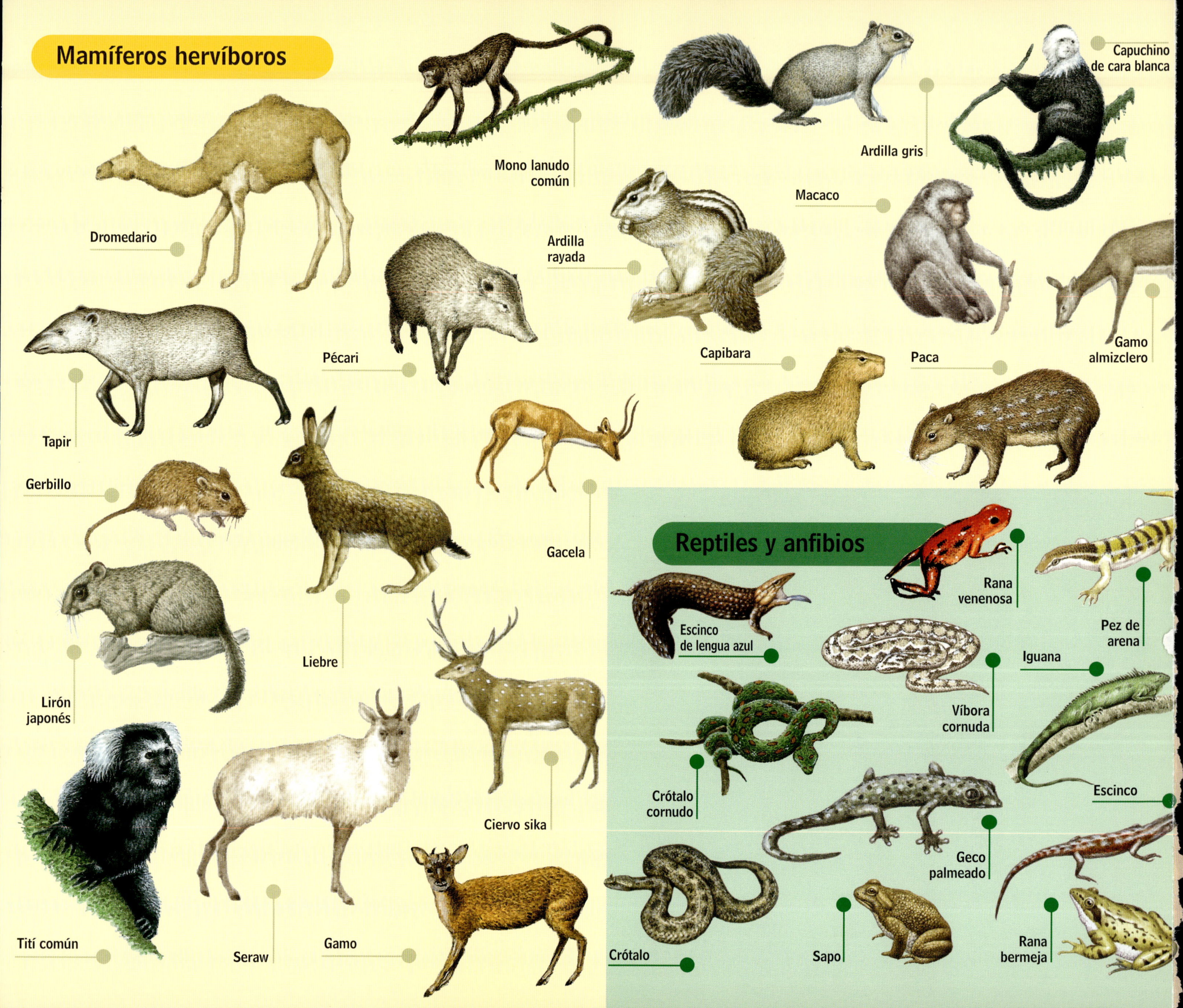

Mamíferos hervíboros
Dromedario
Tapir
Gerbillo
Lirón japonés
Tití común
Seraw
Gamo
Pécari
Liebre
Gacela
Ciervo sika
Mono lanudo común
Ardilla rayada
Capibara
Ardilla gris
Macaco
Paca
Capuchino de cara blanca
Gamo almizclero
Reptiles y anfibios
Escinco de lengua azul
Crótalo cornudo
Crótalo
Rana venenosa
Víbora cornuda
Sapo
Iguana
Geco palmeado
Pez de arena
Escinco
Rana bermeja

Mamíferos carnívoros
Murciélago pescador
Murciélago
Zorro gris
Lobo
Oso
Tejón
Armadillo
Comadreja
Coatí
Fenec o zorro del desierto
Zorro
Oso hormiguero
Marsupiales y monotremas
Equidna de Australia
Bándicut
Opósum de Australia
Ratón marsupial
Quokka
Ocelote
Ratón común
Opósum de la miel
Numbat
Canguro gigante
Erizo
Rata canguro

Mamíferos herbívoros

La clase de los vertebrados, a la que incluso pertenece el hombre, es la de los mamíferos. Comprende todos los animales cuyas hembras poseen glándulas especiales que producen leche destinada a la alimentación de sus pequeños. El cuerpo de los mamíferos está cubierto de pelos que, en muchos de ellos, forman una piel espesa destinada a mantener una temperatura interna constante. Los mamíferos que se nutren de hojas, frutos, hierbas, cereales o néctar se llaman «herbívoros». Los gamos, ciervos y las gacelas pacen la hierba masticándola mucho tiempo con sus dientes enormes. Las ardillas poseen largos incisivos en forma de tijeras que les permiten cortar la corteza de los árboles y roer los cereales, las raíces y las plantas de las que se alimentan: pertenecen al orden de los roedores.

Mamíferos carnívoros

Los mamíferos carnívoros comen únicamente carne. Son los depredadores: cazan a otros animales. Este tipo de alimento es más difícil de encontrar que el de los herbívoros. El lobo, la comadreja y el ocelote poseen unas poderosas mandíbulas y unas patas provistas de garras, útiles para capturar a sus presas. Los animales que como el oso, el ratón, el zorro y el mismo hombre no se alimentan solamente de plantas o de carne, sino de ambas cosas, se llaman omnívoros. Los murciélagos comen insectos. Son los únicos mamíferos capaces de volar. Activos durante la noche, duermen durante el día en su madriguera. Para volar en la oscuridad estos animales emiten ultrasonidos que rebotan en los obstáculos y vuelven a ellos; así les indican la distancia donde se encuentran y la forma, para poder evitarlos.

Reptiles y anfibios

Su aptitud para desplazarse, correr, saltar, cavar y nadar ha permitido a los reptiles colonizar todos los medios naturales de la tierra. Las serpientes son reptiles desprovistos de patas. Se mueven mediante unos movimientos ondulatorios de su tronco y de la cola. Algunos de ellos, como la víbora, tienen glándulas salivares que segregan veneno. Gracias a sus dientes en forma de ganchos, que están unidos a estas glándulas, las serpientes pueden defenderse de su depredador o matar a su presa. Las iguanas y los gecos palmeados son reptiles de cuatro patas. Las iguanas viven en el continente americano y algunas son de vivos colores o tienen una cresta dorsal dentada. Los gecos palmeados tienen dedos provistos de cojinetes adhesivos y pueden desplazarse por superficies verticales. Los anfibios, como la rana, pasan gran parte de su vida en el agua y la otra mitad en la tierra.

Marsupiales y monotremas

Los marsupiales se distinguen de los otros mamíferos porque dan a luz a sus cachorros antes de que estén del todo formados y su desarrollo se completa en la bolsa ventral de su madre llamada «marsupio». El más conocido es el canguro, pero existen marsupiales que se parecen a los osos y a los monos y que viven en los árboles de cuyos frutos y hojas se alimentan. Otros, como el oso hormiguero de América del Sur, se alimentan de hormigas o de termitas. Los monotremas, mamíferos ovíparos, viven en Australia y Nueva Guinea. La hembra pone un huevo en una bolsa ventral y, cuando nace, el pequeño succiona la leche directamente de la piel de la bolsa. El equidna de Australia, por ejemplo, tiene el aspecto de un gran erizo con el morro alargado. Utiliza sus zarpas para cavar en el suelo en busca de hormigas y termitas.

por los alrededores, la madre se vuelve muy agresiva.
Un gamo almizclero pace la hierba abundante de la
pradera. A lo lejos, un ciervo sika alza majestuosamente
su ramificada cornamenta. Una ardilla rayada
permanece sobre una rama muerta mientras roe
una piña de pino. Almacena los piñones en su boca.
A sus pies pasea una hermosa perdiz. Varias golondrinas
y un milano vuelan de árbol en árbol mientras
un seraw, una especie de rebeco con un espeso
pelaje de un color grisáceo, observa la escena.

E l bosque japonés, como sucede en otros bosques del mundo, es el reino de los búhos reales. Poseen unos ojos penetrantes y, sobre todo, un oído excepcional que les permite cazar incluso cuando la oscuridad es total. Agazapada entre las altas hierbas, una comadreja espera que una presa se acerque lo suficiente para caer sobre ella. Gracias a sus grandes orejas erguidas, una liebre permanece alerta. Escucha los movimientos que hace el zorro que ronda por los alrededores. Un tejón de Eurasia,

con el hocico a rayas blancas y negras, sale a pasear. Al menor peligro desaparece rápidamente en una de las numerosas galerías de su madriguera. Sobre la rama muerta ahora hay un lirón japonés. Debe recoger sus provisiones para cuando llegue el invierno: al abrigo de un árbol hueco entrará en un letargo que le llevará a dormir varios meses. Por ello es preciso que su cuerpo tenga las reservas de grasa suficientes. Un lobo se acerca por el claro. Aúlla para indicar su presencia y marcar su territorio.

En los trópicos, gracias al calor y a la humedad constantes, las selvas albergan una cantidad muy importante de animales y plantas. Por esta razón en Brasil la vegetación de la selva es exuberante. Lianas, líquenes, helechos, orquídeas y begonias…

atraen una gran profusión de aves: el minúsculo colibrí de largo pico, capaz de volar sin moverse de sitio, el tucán provisto de un enorme pico y loros de vivos colores como el guacamayo. También abundan las ranas y los reptiles. ¿Te has fijado en la iguana?

¿Verdad que parece un animal prehistórico? Varias especies de simios, como el capuchino de cara blanca y nuca negra y el mono lanudo común son muy ágiles y se cuelgan de las ramas de los árboles por la cola y viven en ellos. Unos tranquilos mamíferos: una mamá capibara y sus cachorros, dos pécaris, un tapir y un gamo se acercan a un estanque para beber agua. ¿Sabrías reconocerlos? ¡Ten cuidado con el crótalo cornudo! Esta gran serpiente, en equilibrio en lo alto del árbol, puede trepar por las ramas.

El búho real vigila la selva tropical por la noche. Una gran migale se acerca por una hoja bañada de rocío. ¡Esta araña puede alcanzar un tamaño de unos diez centímetros de largo! Hay que ir con cuidado porque es venenosa.

¿Sabes cómo se llama el pequeño mono con las orejas cubiertas con un penacho blanco que se esconde detrás del tronco de un árbol? La larga cola rayada del coatí sobrepasa los arbustos, mientras que un ocelote, una especie de gato grande

de piel moteada, salta entre la maleza. Unos extraños animales se acercan al borde del agua: un oso hormiguero capaz de hacer salir de su hocico una lengua pegajosa de 60 cm de largo, en la que se pegan las termitas o las hormigas, una paca de hermoso pelaje oscuro salpicado de motas blancas. Un armadillo de nueve tiras, con su armadura protectora formada por placas óseas, busca hormigas o frutas para comer. En el aire, un temible murciélago va de cacería guiándose por su oído y su olfato.

DoGi

Título original
Giorno e Notte
Texto
Cristiano Bertolucci
Francesco Milo
Ilustraciones
Ferruccio Cucchiarini
Idea y proyecto gráfico
Sebastiano Ranchetti
Dirección artística
Andrea Rauch

© DoGi spa, Italia, 2002
©VoLo Publisher srl, Italia, 2007

© edición española:
EDITORIAL JUVENTUD, S. A.
Provença 101 – 08029 Barcelona
www.editorialjuventud.es
info@editorialjuventud.es

Traducción de Raquel Solà García
ISBN: 978-84-261-3615-2
Depósito legal: B.37.776-2007
Núm. de edición de E. J.: 11.009
Primera edición: octubre de 2007
S.A. de Litografía,
Ramón Casas 2 – Badalona
Printed in Spain

Índice